Original Title: Frau in Dichtung

Copyright © 2023 Book Fairy Publishing
All rights reserved.

Editors: Theodor Taimla
Autor: Isabella Ilves
ISBN 978-9916-39-337-6

Frau in Dichtung

Isabella Ilves

Die Zärtlichkeit der Sterne

Sie flüstern sanft in dunkler Nacht,
Zärtlich, als ob die Sterne lacht,

Bereiten einen glitzernden Tanz,
Uns einhüllend in sanften Glanz.

Leuchtender Spiegel der Sehnsucht so rein,
Jeder Mondstrahl möchte bei ihnen sein.

Sie streicheln die Seelen in stiller Pracht,
Oh, welche Zärtlichkeit die Sterne entfacht.

Sie, die Wärme im Winter

Schneebedeckt ruht die Welt in der Ferne,
Sie, wie eine Sonne, wärmt so gerne.

Zart wie Schneeflocken, stark wie der Frost,
Ihre Wärme, ein Leuchten, wenn alles verrost'.

Sie fängt uns auf in kalter Zeit,
In ihr findet das Herz die Heiterkeit.

Leise lacht sie, trotz Eis und Schnee,
Ihr Wärme ist mehr als nur ein Gedicht, sie ist See.

Die Stimme der Liebenden

Im Sanften der Nacht hört man sie weinen,
Im Lichte des Tages hört man sie scheinen.

Sie singen Lieder voller Hingabe und Kraft,
So zart und rein, wie der Wind schafft.

Liebende Stimmen, wie eine Melodie im Wind,
Ein Tanz von Gefühlen, so unendlich lind.

Ihre Stimmen erzählen von Glück und Schmerz,
Die wahrste Sprache, die des Herzens, das allermeiste wert.

Tenöre der Hingabe

Mit leidenschaftlichem Schmettern sie singen,
Ihre Stimmen in den Himmel sie bringen.

Ich höre ihren Liedern zu, versunken in Traum,
Im weiten Feld unter dem goldenen Baum.

Sie sangen vom Lieben, sie sangen vom Leid,
Ihre Worte erfüllen die Welt, in Weite und Zeit.

Mit jede Note, die sie verströmen,
Mehr als bloße Worte, sie von Hingabe träumen.

Sterne der Dame

Unter dem Samtmantel der Dunkelheit,
Scheinen die Sterne mit stiller Helligkeit.

Sie reflektieren einer Dame tiefen Wünsche,
Und füllen die Nacht mit schimmernden Linsen.

Ein Stern flackert, ein murmelndes Versprechen,
In den Augen der Dame spiegeln sich Ecken.

Sie greift nach denen, noch so fern,
In ihren Träumen tanzt sie mit ihrem Stern.

Die Liebende in Versen

In den zarten Versen der Liebe eingewickelt,
Wird jede Sehnsucht, jeder Wunsch entziffert.

Die Worte fliegen, von Herzen gehoben,
Sind Zeugnis einer Liebe, unbezwingbar und unproben.

Jeder Reim ist ein Liebkosung, eine Berührung,
Jeder Vers bringt neue Hoffnung, neue Führung.

Durch diese Verse, in ewiger Blüte,
Lebt sie, atmet die liebende Güte.

Eine Schwester des Gedichts

Mit geschickter Feder und fließender Hand,
Webt sie Verse, geduldig und elegant.

Ein Gedicht nimmt Gestalt an, wie eine Schwester,
Ihre Worte sind Sterne, stets eine Meisterleister.

Mit sanften Strichen und gesenktem Blick,
Erschafft sie Welten, Stein um Stein, Stück für Stück.

So formt sie mit dem Herzen eine Lied,
In ihrer Feder, die Schwester des Gedicht, blüht.

Träume Einer Weiblichkeit

Unter das samtenen Tuch der Dunkelheit,
Träumt die Weiblichkeit mit heimlicher Klarheit.

Ihre Wünsche sind Sterne, weit und breit,
Sie tanzt mit ihnen durch die Unendlichkeit.

Ihre Hoffnungen sind wie blühende Blumen,
Träumen unter dem Mond, strahlen in allen Räumen.

So ist jede Nacht ein geheimer Tanz,
Unter den Sternen, in weiblicher Glanz.

Ehrfürchtig vor Ihr

Sie, die Göttin der Nacht und des Lichts,
Trägt das Universum in sanfter Gicht.

Umschlingt das Sternenkleid, ehrfürchtig und klar,
Hält unsere Träume, beide so wunderbar.

Unter ihrem mächtigen Schleier verweilen,
Wir forschen und suchen, doch niemals eilen.

Sie erbaut Welten in unseren Herzen,
Lehrt uns die Freude, lindert die Schmerzen.

Rhythmus des Unentdeckten

Die Weiten des Unbekannten rufen leise,
Bewegen sich im verborgenen Kreise.

Wir tanzen auf Noten, noch nicht gespielt,
Unser Herz am Rhythmus des Unentdeckten gewiegt.

Unsere Augen sind geschlossen, doch wir sehen klar,
Die Melodie der Stille, wundervoll und wunderbar.

Im Dunkeln streben wir nach Licht,
Verlieren uns im Gedicht des Unentdeckten, nicht.

Spiel der Verborgenen

Im Schatten liegt das Spiel verborgen,
Durchbricht die Stille des Morgens.

Wachen über den Rätseln der Zeit,
In der Tiefe der Geister weit und breit.

Streifen durch Wälder von Worten und Zeichen,
Können die Oberfläche des Bewusstseins nicht erreichen.

Unsichtbar, doch immer präsent,
Ist das Spiel der Verborgenen, das niemand kennt.

Wiege der Hoffnung

In dunkler Nacht, vom Sternenlicht geküsst,
Gibt es eine Wiege, die Hoffnung heißt.

Sie schaukelt sanft in der Stille des Traums,
Unter dem Baum des Lebens, prachtvoll ein Baum.

In ihrem Schoß ruhen Wünsche und Sehnsüchte,
Als Erinnerungen an kindliche Früchte.

Die Wiege der Hoffnung, im Herzen tief,
Erhebt die Seele, die in uns schlief.

Tanz der Ewigkeit

Im flüchtigen Licht der Sonnenuhr,
Tanzen wir auf dem vergessenen Flur.
Alle Sorgen sind weit, weit weg,
Wir sind gefangen im Ewigkeitsgeflecht.

Leise erhellt das morgenrote Schein,
Die Schatten tanzen, wir sind nicht allein.
Wir drehen im Rhythmus der stummen Melodie,
Gefangen im Tanz der Ewigkeit, sie und ich, wir.

Glocken der Stolzen

Hörst du die Glocken in der Ferne?
Sie klingen stolz, hell und klar.
Jeder Ton trägt eine Ahnung von Sterne,
Ein Lied der Hoffnung, seit ungezählter Jahr.

Sie singen in den stürmischen Nächten,
Tragen ihr Lied im leisen Wehn.
Sie künden von Siegen und Schlachten,
Erzählen Geschichten, die wir nie verstehen.

Ein Liebesbrief an Sie

Eine zarte Melodie im morgendlichen Licht,
Ihre Lieblichkeit übertrifft jedes Gedicht.
Worte können nur sanft streifen, was du bist für mich,
Ein Brise so sanft, ein Feuer das ewig spricht.

Jeder Tag an deiner Seite, ein kostbarer Segen,
Deine Nähe, deine Wärme, mein stetiger Amboss.
Jeder Augenblick mit dir, ein unvergessener Regen,
Du bist mein Licht, mein Halt, du bist mein Stolz.

Der Duft des Auferstandenen

In stiller Nacht, der Duft von Stein und Moos,
Das Echo von Schritten, flüstert leise im Schoß.
Ein Atemzug von ewigem Leben, ein leichter Hauch,
Die Sekrete der Erde, in deiner Hand, des Himmels Strauch.

Die Gestalt im Dunkeln, er ist auferstanden,
Mit Füßen die zitternde Erde berühren, den Sanden.
Ein Duft so schwer und rein, erfüllt die kalte Nacht,
Er atmet, er lebt, die Auferstehung hat ihm Macht.

Jenseits der Tränen

Jenseits der Tränen, so klar und rein,
Weit ab von Schmerzen, Wut und Pein,
Blick auf den Morgen, hell und weit,
Jenseits der Tränen, Raum und Zeit.

Jenseits der Tränen, im tiefer Sehnen,
Im Tanz der Sterne, im Licht des Mondes Scheinen,
Wie ein Lied, dass leise begann,
Jenseits der Tränen, wo alles begann.

Jenseits der Tränen, wo Liebe wohnt,
Wo der Mut in unseren Herzen thront,
Im Schweigen der Nacht, in der Stille der Zeit,
Jenseits der Tränen, zur Ewigkeit.

Hinter der Maske

Hinter der Maske, das wahre Gesicht,
Verborgen, unerkannt, im Schattenlicht.
Wo Augen lügen, Lippen schweigen,
Hinter der Maske, die Wahrheit zeigen.

Hinter der Maske, im tiefen Versteck,
Ein Herz das lebt, doch ist bedeckt.
Mit Farben bemalt, Kunstvoll verziert,
Hinter der Maske, das Leid kapiert.

Hinter der Maske, versteckt in der Nacht,
Ein Funken Hoffnung, sanft entfacht.
Ein Lächeln verborgen, ein Traum unerkannt,
Hinter der Maske, ein unbekanntes Land.

In der Haut der Unbekannten

In der Haut der Unbekannten, tief und dunkel,
Durchlebt sie Nächte, kalt und stumm.
Leben im Schatten, in jeder Runkel,
In der Haut der Unbekannten, ist sie stumm.

In der Haut der Unbekannten, allein und frei,
Sie tanzt im Regen, sie ist dabei.
Ihre Träume fliegen, in weitem Bogen,
In der Haut der Unbekannten, ungezogen.

In der Haut der Unbekannten, verborgen, schön,
Liebt sie das Leben, lässt es gescheh'n.
Und trotz der Masken, die sie trägt,
In der Haut der Unbekannten, sie es wagt.

Die leise Melodie des Herzens

Die leise Melodie des Herzens, so fein,
In den Tiefen der Stille, ganz allein.
Verschlingt das Schweigen, klingt so frei,
Die leise Melodie des Herzens, sei dabei.

Die leise Melodie des Herzens, sanft und klar,
Singt von der Liebe, wahr und rar.
Ein Lied das klingt, in jedem Ton,
Die leise Melodie des Herzens, ohne Hohn.

Die leise Melodie des Herzens, in jeder Nacht,
Erzählt Geschichten, mit Leidenschaft gemacht.
Sie schlummert, erwacht, lädt dich ein,
Die leise Melodie des Herzens, zu sein.

Zwillingsseelen in Strophe

Im weiten Sphärenschleier, so weit und klar,
Geboren wurden wir als Paar.
Zwiegespaltene Seelen im Einklang,
Ewig verbunden, niemals klang.

Zwei Spiegelbilder, leicht getrennt,
Im Herzen doch immer vereint.
Stets streben sie in gleichem Gleiche,
In Liebe, Wahrheit und auch Weiche.

Von Stern zu Stern, von Nacht zu Tag,
Erfüllen wir denselben Schlag.
Geteilt in Raum, vereint in Sehnen,
Uns're Zwillingsseelen in Strophe brennen.

In der Tiefe der Augen

In der Tiefe der Augen, verborgen und rein,
Spiegeln sich Geschichten, groß und klein.
Geheimnisse, die flüstern im dunklen Schein,
Ein Universum in dir, so tief und fein.

Hinter dem Vorhang der Wimpern, so sacht,
Lichter die tanzen in der Nacht.
Leise Erinnerungen, wachgeküsst,
Ein verborgenes Lächeln, das du oft vermisst.

In der Tiefe der Augen, so alt und weise,
Zeugen von Reisen durch Raum und Kreise.
Blick in sie hinein, verliere dich,
In der Tiefe der Augen, ewig und stich.

Die Melodie des Vergessenen

Im Echo der Zeit, verweht und verloren,
Spielt die Melodie des Vergessenen, unverfroren.
Sie summt in den Schatten, flüstert im Wind,
Erzählt von den Dingen, die wir einst kind.

In den Korridoren des Schweigens, so leer,
Tänzelt sie vorwärts, immer mehr.
Vergessene Worte, verlorene Gedanken,
In ihrer Melodie wir versanken.

Die Melodie des Vergessenen, so traurig, so rein,
Lässt uns erinnern, lässt uns sein.
In ihrem Klang liegt die Vergangenheit,
Die Melodie des Vergessenen, in unsrer Zeit.

Zarte Spuren im Sand

Zarte Spuren im Sand, gewebt von der Zeit,
Zeugen von Reisen, Freude und Leid.
Wir wandern barfuß, Hand in Hand,
Hinterlassen unsere Geschichte im Sand.

Die Wellen umspielen, mit sanfter Geste,
Uns're Spuren, in der Wüste.
Ein stilles Flüstern, ein leises Gemälde,
Von uns'rer Liebe, so hell und gelöst.

Zarte Spuren im Sand, verblassen so leis',
Im Rhythmus des Meeres, im ewigen Kreis.
Doch unsere Liebe, stark und rein,
Wird länger als jede Spur sein.

Das Geheimnis der Berührung

Berührung, sie ist des Herzens Sprache,
Ein Funke schwebend auf zarter Haut,
Die Stille Flüsterer, sie verbinden und prägen,
In jedem Tropfen Liebe, der behutsam baut.

In ihren Armen ein zartes Spüren,
Erforscht die Haut mit sanftem Streicheln,
In der Berührung lacht das Leben,
Augen die Geschichten zeichnen.

Sanft wie der Wind, der über Felder weht,
Stark wie der Sturm in fernen Meeren,
Das Geheimnis, da wo Zärtlichkeit besteht,
In der Berührung können wir es lehren.

Echos aus der Tiefe

Tiefe Wasser fließen still,
Echos schleichen leise, sind nie standvill.
Sie tragen Geschichten aus ferner Zeit,
Tief verborgen in der Unendlichkeit.

In der Stille hört man sie rufen,
Verloren in des Meeres Schluchten,
Erzählen sie von vergangen Tagen,
Von Freude, Schmerz und versunkenen Fragen.

Echos aus der Tiefe, tief wie die Nacht,
Hoffnung und Sehnsucht, stets leise erwacht.
Ihre Stimmen hallen durch die Jahrhunderte,
Geben uns Einblick in ihre verschlungenen Abenteuer.

Ihre Leise Symphonie

Sie spielt auf Saiten, fein und leicht,
Ihre Melodie, sie tanzt und streicht.
Sanft wie der Morgen, hell wie der Tag,
Ein Lied, das jedes Herz ertragen mag.

Ihre Symphonie, voller Leidenschaft,
Schafft neue Welten mit ihrer Kraft.
Töne schwingen, sie erschaffen einen Reigen,
Lassen uns in entfernten Welten zeugen.

Sie spielt und das Universum lauscht,
In ihrer Musik ist das Leben aufgetaucht.
Im Rhythmus der Sterne spielt sie leise,
Eine Symphonie, ewig auf ihrer Reise.

Kreaturen ihrer Verse

In ihren Versen sie gebiert,
Kreaturen, die die Fantasie entführt.
Sie tanzen, lachen, weinen, singen,
Im Rhythmus ihrer Worte schwingen.

Jeder Vers ein neues Leben,
Gefangen in Buchstaben, zum Träumen ergeben.
In der Tiefe ihrer Zeilen versteckt,
Jede Kreatur ihren Ursprung entdeckt.

Geschaffen aus der Feder Schwingen,
Können Worte Leben bringen.
Sind stille Zeugen ihrer Macht,
Die Kreaturen ihrer Verse - in der Poesie erwacht.

Letzter Vers: Hallo

Blicke verschwunden hinter dem Schleier,
verloren im Flüstern der Nacht.
Letzter Vers: Hallo, mein Begleiter,
wachsam wa hrend die Dunkelheit wacht.

Tropfen fallen vom grauen Himmel,
zeichnen Bilder auf das alte Pflaster.
Im Glasturm dein Lächeln, so hell,
Unser letzter Vers ist der Heimkehraster.

Sterne flüstern deine Lieder,
In den Tiefen der Nacht, so weit.
'Letzter Vers: Hallo,' sagen sie wieder,
diese Wörter, durch die Zeit.

Fenster zur Seele

Glasblätter offenbaren deine Träume,
Ein Spiegel des Herzens, roh und klar.
Gedanken, verstreut wie Perlenschaum,
Im Fenster zur Seele kein Geheimnis rar.

Im reflektierten Mondenschein,
In den versunkenen Tiefen des Glas.
Springen Gedanken wie weiße Rehe rein,
Tanzen freudig durch das kühle Nass.

Tränen fallen, Sterne steigen,
Das Fenster zur Seele strahlt hell und weit.
In versunkenen Träumen, Wahrheiten zeigen,
Spiegelt sich das Selbst im Lauf der Zeit.

Die sanfte Berührung der Muse

Mit federleichten Fingern klopft sie an,
Im Zwielicht des Morgens, wer kann das verstehen?
Die sanfte Berührung der Muse, verklungen wie ein Fangesang,
Im Herzen eingepflanzt, lässt sie die Kreativität entstehen.

Ihr Atem flüstert, erzählt von unendlichen Geschichten
Deren Melodie in jedem Herzschlag gefunden.
Die Muse, sanft wie der Wind, verwickelt die Gedichten
Bindet die Seelen mit Wörtern und unterliegt keinem Bund.

Eingelegt in die Stille der verblassten Mondnacht,
Versprechen wirksame Worte, so unaussprechlich süß.
Die sanfte Berührung der Muse hat die Magie gebracht,
In jedem Vers ihrer Lieder, ein fließender Schweiß.

Das Gewicht der Wörter

Unbefangen und frei, schweben Worte in der Luft
Hinterlassen Spuren, fein gewebt aus Sehnsucht und Stolz.
Das Gewicht der Wörter, geformt mit kraftvoller Zunft,
In jedem Vers verborgen, ein ungeschriebenes Holz.

Was sie beanspruchen, ist mehr als nur ein Hauch,
In tiefen Schichten, das Herz der Erde durchdringen.
Das Gewicht der Wörter, ein geliehenes Bauch,
In ihren Echokammern, die Wahrheiten klingen.

Sie tragen Welten, als wären sie Feder und Stein.
In ihren Formen, kann man Liebe und Schmerz lesen.
Das Gewicht der Wörter, sie können so vieles sein,
In jedem Gedicht, gemalt, als wäre es gewesen.

Schlaflied für Mein Mädchen

Schlaf nun, mein kleines, ohne Sorgen,
In deinen Träumen, still und verworgen.
Die Sterne scheinen in nächtlicher Pracht,
Und der Mond singt dir leise, gute Nacht.

Von fernen Märchen, tief und klar,
Träum süß, mein Mädchen, wunderbar.
Unter dem Schatten der Lilien Weiß,
Führt ich dich ins Land der Traumgenies.

Schließe deine Augen, so hell wie der Tag,
Hör nur, wie die Welt zu dir sanft spricht und sagt.
In deinen Träumen, rein und klein,
Wird immer ein Zauber des Heilens sein.

Melancholie, Ihre stille Begleiterin

Ihre Haut so blass, ihre Augen weit,
In der Welt der Melancholie, verliert sie die Zeit.
Jede Nacht wandert sie, verloren in Schmerz,
Ihre Begleiterin, die Stille, erreicht ihr Herz.

In der Dunkelheit tanzt sie, ganz allein,
Aber in ihren Träumen, kann sie wirklich sein.
Die Schatten tanzen mit, in ihrem Reigen,
Ihre stille Begleiterin wird stets bei ihr zeigen.

Sie lächelt sanft, die Welt ist still,
Ihre Tränen fließen, wie ein eiskalter Quill.
Die Melancholie ist ihre stille Freundin, so tief,
In ihrem Herzen, wo sie immer schläft.

Unter der Weißen Bleistift

Gezeichnet in Schatten, so tief und fein,
Unter dem weißen Bleistift, kann ich sein.
Jede Linie, ein Gedanke, ein Traum,
Durch meine Hand, entsteht ein Baum.

In Weiß und Grau, Male ich die Welt,
In jeder Zeile, wird eine Geschichte erzählt.
Wer bin ich, wenn nicht ein Künstler, so rein,
Unter dem weißen Bleistift, lasse ich mich sein.

Auf dem Papier, entsteht ein Tanz,
Die Bilder in Bewegung, in einem schönen Glanz.
Mit jedem Strich, mit jedem Punkt,
Finde ich mich, im weißen Bunt.

Das Echo der Phantasie

In den Tiefen der Phantasie, klingt ein Lied,
Das Echo der Gedanken, die nie verlied.
In den Räumen des Geistes, so unendlich weit,
Resoniert das Echo, durch Raum und Zeit.

Von Bergen hoch, zu Tälern tief,
Das Echo der Phantasie, das nie schlief.
Es ruft und schallt, es flüstert und spricht,
Im Dunkeln zeigt es, bringt helle Licht.

So lausche dem Echo, so alt und klug,
Es singt Lieder, die niemand sonst genug.
In deiner Phantasie, so wunderbar,
Bleibt das Echo, dein Freund, auf immer klar.

Fragmente einer Geliebten

In Fragmenten einer liebevollen Seele,
Im Innern eingeschrieben, Zeile für Zeile.
Gedanken blitzen auf, in strahlenden Farben,
Liebesbriefe die das Herze etzbar graben.

Deins ist ein Herz, erfüllt von sanfter Güte,
Mir Schlüssel und Karte zur verborg'nen Hüte.
In deinem Lächeln finde ich mein Glück,
In deinem Wort mein begehrter aufgedeckter Blick.

Erfasst in jedem Atemzug, in jedem Moment,
Bist du mein ewiges, unendliches Element.
Die schönste Melodie, die mein Herz besingt,
Jedes Wort von dir ist das Lied, das es bringt.

Die Mutige in Metaphern

Durch Worte verwoben, in Metaphern verpackt,
Die Mutige, die tapfer den Weg abrackt.
Sie weicht nicht zurück, trotzt jedem Sturm,
Ihr Mut schimmert hell, klar und enorm.

Mit jedem Schritt, den sie verzagt nimmt,
Mit jeder Zeile, die sie mutig bestimmt.
Leuchtet heller ihre Tapferkeit,
Sie ist bereit, trotzt der Dunkelheit.

Sie klettert die höchsten Berge hinauf,
In ihrem Herzen trägt sie Hoffnung zuhauf.
Die Mutige in Metaphern verkleidet,
Ist die, die für die Freiheit der Worte streitet.

Der Flüstern Einer Stille Heldin

Es flüstert leise eine stille Heldin,
Ihre Worte fließen sanft wie Quellwasser im Wind.
Die Weisheit tief in ihrem Inneren verborgen,
Ihr Flüstern ist der Schlüssel zum Morgen.

Sie schreitet mutig durch die Nacht,
Ihre Taten sind stärker als Worte, so zart.
Sie ist das Licht in der Dunkelheit,
Ihre Stille ist ihre Stärke, ihre Bescheidenheit.

Ihr Flüstern trägt weit über das Land,
Es erzählt Geschichten, so unbekannt.
Die stille Heldin, ihr Wort ist wahr,
Ihr Flüstern tönt, wie der schönste Liederschwa.

Sie, Die Meisterin der Worte

Sie, die Künstlerin der Worte, so subtil,
Zwischen den Zeilen findet man ihren Stil.
Jedes Wort von ihr, gekonnt gewählt,
Jede Metapher, geschickt erzählt.

Ihre Verse sind wie ein Tanz im Mondschein,
Ihre Lyrik der Wein, der betäubt den Schmerz und Pein.
Mit jedem Vers, malt sie ein Bild,
Ihre Poesie, der Stoff aus dem Träume sind gefilzt.

Sie, die Meisterin der Worte, der Verse tief,
In jedem Gedicht, gibt sie ihr Herz als Pfand und Dieb.
Die Bezaubernde, die mit Wörtern kann zaubern,
Sie, die Meisterin, lässt Gefühle erlauben.

Eine Vision von Zärtlichkeit

Sehe ich dich, die Sterne verblasst,
Und die Wärme strömt durch meine Brust.
Du bist ein Herz, die Zärtlichkeit atmet,
Ein sanfter Schatten in der Dämmerung befestigt.

Wie Sonnenbrillen durch deine Augen träumen,
Die Hände berühren - ein zartes Phänomen.
Die Wärme deines Lächelns, sanft wie Seide,
In deiner Nähe ist der Geist frei und weite.

So lebe ich, hange in deinem Glanz,
Und Jahre vergehen wie ein zärtlicher Tanz.
So ist meine Vision - ein Schloss aus Licht,
In welcher Zärtlichkeit in meinen Adern spricht.

Der Tanz der Herrin

Im Dunkeln tanzt die stolze Herrin,
Mit dem Schleier der sternenverzierten Nacht.
Sie webt mit ihren Händen den Wind ein,
Und mit jedem Schritt, blitzt das Mondlicht sacht.

In voller Pracht, sie tanzt allein,
Die Dunkelheit umarmt sie mit sanftem Schein.
Ihr Tanz vereint Erde, Feuer, Luft und Meer,
Ein harmonisches Spiel, so süß und schwer.

Die Herrin ruft, die Sterne sinken nieder,
Zerspringen in Tropfen silbernen Glitzers.
In ihrem Tanz, sie formt das Wetter,
Und die Nacht singt das Lied ihres jungen Blitzes.

Die Sprache der Verlockenden

Hörst du die süße Flüstern der Verlockenden?
Wie sie singt in der Wind die versunkene Legenden,
Mit sanfter Stimme ruft sie, durchtränkt von Sehnsucht,
Ein Echo von Wünschen, über Flüsse, durch die Wüst'
geflucht.

Wie der Klang eines leisen Wasserfalls,
Oder der Ruf eines Vogels im königlichen Saal,
Ihrer Sprache klingt in Herz wie ein Gesang,
Ein verführerischer Tanz, wild und voller Klang.

Die Verlockenden spricht, und die Sterne leuchten,
Wald und Wiesen, von ihrem Licht geduscht.
In ihrer Sprache, verborgene Geschichten wecken,
Und die Welt erwacht, durch ihre Versuchung gestreckt.

Unter Ihrer Krone

Unter ihrer Krone, von Blättern und Beeren,
Ruhe ich still, weich wie fallende Federn.
Sie spricht mit der Stimme des raschelnden Herbstes,
In stolzer Stille, gedeiht ihrer Schönheit Ernte.

Ihre Augen funkelnde Edelsteine, klar und tief,
Betrachten die Welt, sanfter als ein Schläf' schläft.
Unter ihrer Krone, finden Träume ihre Höhle,
Umringt von einer Liebe, tief und helle.

Ihre Krone, eine Welt, wo die Zeit verweilt,
Wo das Licht des Tages mit der Nacht sich teilt.
Unter ihrer Krone, geheim und fein,
Kann ich verloren, und gleichzeitig gefunden sein.

Damen der Reime

In einem Tanz von Seide und Spitze,
Wo die Damen der Reime tanzen im Blitz,
Tiefer fallend als das Schwarz der Nacht,
In die Unendlichkeit der Worte, voller Pracht.

Jede Stimme ein Echo, jede Bewegung ein Vers,
Bläulicher Schimmer ihrer Worte, nie so intensiv und tief.
Sie tanzen den Tanz der Ewigkeit,
Mit jedem Reim, sie versprechen Unsterblichkeit.

Leicht wie eine Feder, stark wie die See,
Die Damen der Reime, sie lassen euch nie.
Denn die Macht der Worte bleibt unübertroffen,
Mit ihren Versen haben sie die Ewigkeit erschlossen.

Den Tränen nah

Eine Kugel aus Glas, den Tränen so nah,
In welcher Wahrheit, so klar wie der Tag.
Ein Flüstern der Seelen, ein Stöhnen der Zeit,
Am Rande des Abgrunds, voller Dunkelheit.

Im Spiegel der Angst, die Wahrheit so klar,
Aus Augen der Verzweiflung, der Schmerz so wahr.
Ein Echo des Schweigens, ein Lied des Schmerzes,
An der Grenze des Erträglichen, am Rand des Herzens.

Worte so schwer, wie der Nachthimmel selbst,
Mit der Tiefe der Sehnsucht, den Tränen so nah.
In den Tränen offenbart sich die reinste Essenz,
In ihrer Klarheit, eine unvergleichbare Transparenz.

Unter den Trümmern

Unter den Trümmern der Träume, still und bleich,
Eine Melodie der Vergangenheit, so fern und reich.
Das Echo der Erinnerungen, ein Schatten der Zeit,
Verborgen, verschüttet, von der Realität entweiht.

Mit den Händen von Hoffnung, und dem Herzen von Mut,
Suchen wir nach dem Licht, und befreien die Glut.
Unter den Trümmern der Träume, beginnt der Tanz,
Rhythmisch, beständig, ein lebender Glanz.

In den Trümmern der Hoffnungen, so einsam und stumm,
Findet man oft die Wahrheit, ganz pur und rundum.
Verborgen, verschüttet, wartet die Klarheit,
In den Trümmern der Träume, verbirgt sich die Wahrheit.

Das Fieber der Kühnen

Die Kühnen tanzen im Fieber der Leidenschaft,
Mit dem Sturm als Begleiter, in der dunkelsten Nacht.
Eine Flamme der Entschlossenheit, ein Blitz der Zähigkeit,
Mit jedem Schritt, sie übertreten die Grenzen der Wirklichkeit.

Das Fieber der Kühnen, so wild und rein,
Ein Feuerwerk der Sehnsucht, so hell und fein.
Sie tanzen im Rhythmus der Unendlichkeit,
Voller Mut, in der Flamme der Zweisamkeit.

Im Fieber des Mutes, im Sturm der Zeit,
Tanzen die Kühnen, bereit für den Schrei.
Mit jedem Takt, mit jedem Beben,
Im Fieber der Kühnen, sie suchen das Leben.

Der Lebensgeist der Witwe

Im Schatten, Wehmut in ihren Augen,
Verloren in Gedanken, verirrt im Licht.
Die Witwe, allein, doch der Geist gewogen,
Lebt im Schmerz, doch bricht sie nicht.

Im Tanz des Lebens, gespielt auf leisen Füßen,
Lässt sie ihre Sorgen im fließenden Fluss hinüberlaufen.
Ihr Lebensgeist, ein Leuchten, trotz dem Beschließen,
Erinnert sie an Liebe, auch wenn ihre Tränen tauen.

Tiefe Traurigkeit hat ihre Seele berührt,
Doch ihr Lebensgeist, stark unerreicht.
Sie hat den Sturm, der aufgewührt,
Mit Güte, Stärke und Mut entgleicht.

Die Verzückung der Nacht

Sterne glitzern, in der Dunkelheit entzündet,
Die Nacht singt Lieder, in Stille gewebt.
Mit Geheimnissen, die sanft verwundet,
In der Verzückung der Nacht, wo sie lebt.

Die dunkle Königin, in Schwarz gekleidet,
Flüstert Geschichten, die den Wind bewegen.
Geheimnisse, die in den Tiefen streiten,
Lassen die Nacht in mystischer Schönheit regen.

In der dunkelsten Stunde erwacht sie,
Mit der Kraft des Mondes, hell und strahlend.
Die Nacht kennt keine Einschränkung, keine Knie,
In ihrer Verzückung bleibt sie stets prahlend.

Träume der Tänzerin

Die Tänzerin wirbelt, dreht sich im Wind,
Ihren Traum fest im Blick, ihr Herz entzündet.
Ihre Füße berühren den Boden geschwind,
Ihr Tanz ist ihr Traum, unbeirrt und unverblendet.

Jeder Schritt, ein Ausdruck ihrer Sehnsucht,
Jeder Dreh, ein Echo ihrer Leidenschaft.
In der Stille des Raumes, umhüllt von der Luft,
Tanzt sie ihren Traum mit Seeleneigenkraft.

Die Bühne lebt, durch ihren Rhythmus,
Die Musik ist ihr Maler, ihr Tanz das Bild.
Sie fordert das Licht auf, gibt ihm den Wink,
In den Träumen der Tänzerin, ewig wild.

Der Melancholische Abend

Ein Hauch von Schatten auf dem Land,
Der melancholische Abend, wie warme Seide.
Die Dunkelheit, wohlbekannt,
Erzählt Geschichten, die des Tages entgleiten.

In ruhiger Stille, in einsamer Pracht,
Sterne glitzern, wie Kerze im Wind.
Der Abend flüstert, ganz sanft und sacht,
Erinnert an Träume, die wir einst sind.

Die Nacht wiegt die Welt in Schlaf,
Die Dunkelheit entspinnt ihre Lieder.
Der melancholische Abend, hält inne, ein knapp,
In ihm spiegeln sich Sehnsucht und Hoffnung wider.

Der Abdruck von Lippen

Verschmolzene Worte auf Rosenpapier,
Der Abdruck von Lippen, ein geheimes Zauberspiel,
Haucht Leben in Buchstaben mit zarter Gier,
Jede Silbe ein Versprechen, doch die Liebe ist das Ziel.

Leise flüstert der Wind, trägt weg die Illusion,
Doch der Abdruck bleibt bestehen, tief eingebrannt,
Ein rosa Farbton auf seidigem Beton,
Die Stille atmet versunken, in diesem Wunderland.

Die Dämmerung erstreckt sich, küsst das alte Haus,
Wo die Worte einst zu flüchten, federleicht begann,
Im Schatten der Vergangenheit, schreibt die Sehnsucht sich aus,
Der Hauch der Lippen, ein Lied, das nie vergehen kann.

Der Hundertjährige Diamant

Unter dem Mantel der Zeit, ruht ein Schatz,
Stolz trägt er die Last von hundert Jahren,
Ein stiller König in seines Herzens Schutz,
Funken sprühend, in der Nacht der Wunderbaren.

Geformt vom Feuer, geschliffen vom Wind,
Standhaft, unveränderlich, in ewiger Pracht,
Als ob der Kosmos sich in diesem Edelstein find,
Strahlt der Diamant, stets hält er die Wacht.

Hundert Jahre getragen, unermesslich die Zeit,
Geboren aus der Erde, aufgehoben im Licht,
Sein Glitzern bedeckt das Antlitz der Leid,
Ein steinernes Ballett, ein zeitloses Gedicht.

Vision der Überfahrt

Im seidigen Silber der Morgenstunde,
Tänzelt das Boot, auf Wellen so weich,
Es gemalt in der Vision einer flüchtigen Sekunde,
Überfahrt zur Heimat, dem friedlichen Reich.

Die Sonne lacht golden, der Himmel so weit,
Im ruhigen Seebett, nur Gedanken allein,
Eine Reise der Seele, durch Raum und durch Zeit,
Stillende Gezeiten, Vergehen und Sein.

Vermähle das Meer, mit dem Himmelsblau,
Die Überfahrt ruft, der Anker gelöst,
Unter der Decke der Sterne, in ewiger Schau,
Ein Traum von zu Hause, Sehnsucht getröstet.

Lichtblicke der Geständnisse

Die Nacht hält ihre gefangenen Sterne,
Verborgene Träume im schwachen Licht,
Wie Flüstern der Seelen, ihren Wege so ferne,
Geständnisse fallen, schwärzer als das Nicht.

Gedanken weben sich, in den dunklen Lein,
Als ob eine Kerze, die Wahrheit entzündet,
Ein Heiligtum gebaut, aus Schatten und Stein,
Wo Hoffnung in jedem Geflüster sich findet.

Schleier gelüftet, enthüllt die Nacht,
Blickt auf Seelen, nackt und rein,
Die Geständnisse funkeln, mit unerwarteter Macht,
Bleiben als Lichtblicke, im Herzen allein.

Lautlos unter den Wolken

Unter den grauen Wolken, so still,
Zeichnen die Sterne ein sanftes Bild.
Sie tanzen, flüstern, weinen in der Stille,
Und leben leise, lautlos und ohne Zivil.

Schatten wandern über Himmelsgesicht,
Fangen die Momente des erblassten Lichts.
Ewigkeiten ertrinken in der Dunkelheit,
Und sterben lautlos, ohne ein Gedicht.

In der Stille wächst die Seele warm,
In Träume gehüllt, in der Dunkelheit geborgen.
Und lauscht erneut dem alten Sternenlied,
Lautlos unter den Wolken, im Herzen verborgen.

Die Zeitlose Liebhaberin

Die Zeitlose Liebhaberin, ewig schön,
Durchblättert die Jahreszeiten ohne zu gehen
Öffnet Herzblätter mit einem Kuss,
Liebt die Zeit, ohne zu vermissen.

Sammelt Stunden, Minuten, Sekunden en masse,
In ihren Händen gleitet die grossmütige Klasse.
In jeder Falte, jede Linie auf ihrem Gesicht,
Ist eine Geschichte von Zeit und Licht.

Im Schoß der Jahrzehnte lässt sie sich treiben,
Uhrzeiger tanzen, die Zeiten verleiben.
Die zeitlose Liebhaberin, mit Stunden verwebt,
Lebt jede Sekunde, solange sie lebt.

Stirnen der Schnee

Stirnen der Schnee in reinem Weiß,
Kalt wie Eis, in der Nacht leise und steif.
Funkelt wie Sterne in der Winterdämmerung,
In der Tiefe des Himmels, hell und jung.

Beruhigend fallen Flocken sanft und rein
Auf die Erde, auf frisches Geäst und Stein.
Zärtlich küssen sie die schlafende Welt,
In einer Stille, die die Zeit anhält.

Die Stirnen des Schnees in stiller Pracht,
Hüllen die Welt in sanfte Winternacht.
Leise, leise decken sie uns zu,
Mit einem Mantel aus kaltem, puren Nu.

Ihrer Willkommens

Ihre Willkommens, gütiger Sonnenaufgang,
Mit warmem Licht und singender Lobgesang.
Du malst den Himmel in sanftem Rot,
Jeden neuen Tag, Leben und Tod.

Dein Licht streichelt sanft die Welt wach,
Vertriebt die Dunkelheit, beginnt die Wache.
Mit deinem Leuchten, zart und rein,
Begrüßt du den Tag, erfüllt mit Schein.

Des Morgens Lächeln, so hell und klar,
Küsst die Welt, startet das Tagewerk bar.
Mit Herzen voller Liebe und Ruhestrahl,
Begrüßt sie uns, mit ihrem Willkommensmahl.

Herz der Dichterin

In dem Herzen der Dichterin brennt,
Wie eine Flamme, die nie erlischt,
Durch Worte der Liebe, die jeder kennt,
Und die die Seelen der Menschen erfrischt.

Sie streichelt sanft den Pergament,
Mit ihrer Feder, die leise wischt,
Jedes Wort ist wie ein Lied beklemmt,
Das in unseren Herzen wispert und zischt.

Sie webt Wort an Wort mit liebendem Blick,
Anmutig und schön wie Veilchenduft,
In ihren Versen findet man Glück,
Und Süße, die jede Bitterkeit verpufft.

Ihr Herz, ein unerschöpflicher Brunnen,
Voll Poesie, voller Leben, voller Licht,
Ihre Worte, zarten Blüten gleich, tausend Sonnen,
In ihren Gedichten, ihren Liedern, ihrem Gedicht.

Im Licht der Sie

Im Licht der Sie scheint alles klar,
Jede Farbe, jeder Ton, klingt so wunderbar,
Ein Schattenstreifen, breit und rar,
Erzählt Geschichten, wahr und wunderbar.

Jede Träne, jeder Schmerz wird rein,
Im Licht der Sie, sollen wir sein,
Ein sanfter Kuss, ein liebend Zeichen,
Kann jedes noch so harte Herz erweichen.

Im Licht der Sie, im hellen Schein,
Wo Tag für Tag das Leben erneut erwacht,
Jeder Moment wird ein Geschenk sein,
Ein Lied der Liebe, von der Nacht gebracht.

So leuchtest Du, so strahlend und klar,
In der Dunkelheit, bist du unser Polar,
Dein Licht wird ewig sein, das ist wahr,
Du, unser Leitstern, unfassbar und wunderbar.

Die Ewige Gefährtin

Du bist die ewige Gefährtin meines Herzens,
Treue Seele, die meine Sorgen zerstreut,
Auch in Stürmen, in Momenten voller Schmerzens,
Bist du da, in Liebe und Schönheit erneut.

Tief im Herzen die Sehnsucht brennt,
In der Nacht, wenn alles schweigt,
Deine Anwesenheit, die mich kennt,
Und die meine Seele erleichtert und befreit.

Mit dir zu gehen, Hand in Hand,
Mit dir zu träumen, Stern an Stern,
Zu fliegen über das weite Meer, das Land,
Zu lieben dich, mein Leben, ewig und gern.

Du, meine Gefährtin, meine Liebe, mein Licht,
In deinem Beisein, fehlt mir nichts,
In deinem Lächeln, liegt ein Gedicht,
Das die Dunkelheit vertreibt und Licht verspricht.

Unvergessliche Muse

Du, meine Muse, mein Lebensduft,
Meine Inspiration, meiner Träume Zucht,
In jeder Zeile, in jeder Schrift,
Finde ich dein Lächeln, deine Gegenwart, deine Luft.

Du lebst in jedem Vers, in jedem Wort
In den Tiefen meiner Seele, an jedem Ort,
Im hellen Tag und in der dunklen Nacht,
Bist du da, hast über meine Träume gewacht.

Du bist die Königin meiner Gedanken,
Die Geheimnisse des Universums, die wir ertranken,
In deiner Gegenwart werden Worte zu Liedern,
Und Stille zu Melodien, die niemals verbittern.

In deinem Licht, meine Muse, meine Freude,
Entsteht die Poesie, Wort für Wort, Reihe um Reihe,
Deine Unvergessenheit, wie ein ewiges Band,
Binde ich um mein Herz, halte ich in meiner Hand.

Weich wie ein Federbetten

Schwankt und schwebt im sanften Wind,
Gleich den Federn ohne Sünden,
Von der Mutterliebe gelind,
Weich wie ein Federbetten blind.

Gedanken, die wie Wollust sind,
Uns in seidenen Traumen bind
Wie Sonnenstrahlen, die uns bedinden,
Träumen wir, auch wenn wir blind sind.

In der Tiefe der Herzen liegen
Ruht das Weiche, das Verzücken,
Wie liebliche Kindersegen,
Die das Dunkel überbrücken.

Durch Nacht und Stille mit Bedacht,
Leise durch den Traum der Nacht,
Im Federbetten liegt die Macht,
Die jeden Schmerz zum Schweigen bracht.

Flügel der Träumerei

Flügel der Träumerei, wallt durch den Blick der Leere,
Doch in meinen Träumen, ich die Unendlichkeit sehre.
Ich tanze mit den Sterne, im Tanz der Zartheit bleibe,
Unter den Flügeln der Träume, die Welten ich durchschreibe.

Mit Feder leicht und weich, streift man den Himmel rauf,
Ein Blick zurück zur Erden, ein leiser Seufzer drauf.
Flügel der Träumerei, die mich zum Lachen brachte,
Wie ein Kinderspiel, das Leben ich betrachte.

Wahn meiner Gedanken, die in Träumen wandern,
Ein Welt der Fantasie, auf den Flügeln der Verändern.
Ein lichtes Farbenbild, formt aus dem Dunkel Schein,
Flügel der Träumerei, lass mich bei dir sein.

Das Seufzen der Verzauberten

Hörst du das Seufzen, schwer und tief,
Verzauberte Seele, die sanft ins Dunkel schlief.
Ein Hauch von Liebe, ein Wunsch noch unerfüllt,
Ein Herz, das leise nach Erlösung brüllt.

Das Seufzen der Verzauberten, voll Schmerz doch ohne Ende,
Leises Flüstern in der Nacht, Liebe, die sich wende.
Traumfänger am Himmel, hörst du ihr leises Flehen?
Ihre Wünsche zu erfüllen, lass sie in Erfüllung gehen.

Vom Zauber ergriffen, von der Hoffnung entzogen,
Schweben sie im Dämmerlicht, von der Wahrheit belogen.
Im Seufzen der Verzauberten, das stetig wird verweht,
Liegt tiefversteckt das Geheimnis, das uns nie versteht.

Frau des Südens, Herz des Nordens

Frau des Südens, Herz des Nordens, stark und rein,
Dein Leuchten heller als der Polarstern sein.
In deinen Augen, da funkelt das Nordlicht sacht,
In deiner Seele, die Wärme des Südens entfacht.

Du bist das Leuchten in der kalten Nacht,
Ein Hauch von Wärme, der das Herz erwacht.
Frau des Südens, Herz des Nordens, ein Traum so fern,
In deiner Liebe, ich bin wie der kleinste Stern.

Im Klang der Wellen, im Flüstern des Windes fein,
Frau des Südens, Herz des Nordens, du bist mein.
In deinem Schatten, da finde ich meinen Frieden,
In deiner Liebe, alle Ängste sind besiegt.

Frau des Südens, Herz des Nordens, in Himmel weit hinauf,
Mit dir durchs Leben zu gehen, ich höre nie auf.

Spinnweben der Königin

Die Königin sitzt in ihrem Turm,
Wirft Spinnweben in den Raum,
Verschleiert die Gedanken mit Zauberschaum,
Die Kälte des Marmors mildert ihren Zaun.

Schimmernd Silberfäden tanzen,
In dunkeln Winkeln, dicht gewoben,
Zeugen von Wissen, ungesehen, unerhoben,
Sie sind das Erbe, das sie hat verloren.

Mit jeder Webung, rauscht ein Lied,
Eine Erinnerung, die in den Fäden liegt,
Ein Flüstern der Vergangenheit, das sie besiegt,
Doch die Spinnweben der Königin sind ihr Siebt.

Im Turm der Königin, unter silbernem Schleier,
Ruhe die Geschichten, alt und bleicher,
In Spinnweben gefangen, leise und sicher,
Warten sie darauf, erzählt zu werden, hehr und feier.

Die Verlorene an Bord

Sie stand am Bug, die Verlorene,
Ihre Tränen fielen in die weite See,
Die Salzbrise ihr Gesicht kosend,
So einsam, kein Mensch hörte ihr Weh.

Die See winkte ihr, wild und frei,
Spiegelte den Sternenhimmel, so weit,
In ihrem Herzen zog ein Sturm heran,
Ertränkt in der Unendlichkeit.

Das Schiff brach durch die Wellenberg,
Die Salzluft erfüllte ihr sinnend Ohr,
Ihr Körper, kalt und klamm,
Doch ihr Geist sang mit dem Wellenchor.

Verloren, gewonnen, in gleichem Maß,
An Bord, auf der Suche nach Erlassen,
Segelte sie ohne Kompass,
Ließ sie ihre alte Welt verblassen.

Das Rauschen des Salzes

Von der Woge hinauf, bis zum Himmelblau,
Das Rauschen des Salzes, wild und rau.
Es erzählt von schweigenden Kämpfen,
Von Geschichten, die sich in der Zeiten Tiefe mengen.

Der Geschmack des Salzes, bitter und rein,
Seine Notierungen verschluckt von dem Meeres Schrein,
Es trägt die Last der verlorenen Worte,
Verborgen, in seinen salzigen Pforten.

Das Rauschen des Salzes, wiegt die Zeit,
Erzählt vom Alter, vom Wandel, von Ewigkeit,
Es bringt den Geist zu süßen Träumen,
Lässt ihn tanzen in des Lebens Schaumkronen.

So rauscht das Salz, in des Meeres Schoß,
Trägt mit sich Gaben, bringt Trost und Verlust groß,
Es singt ein Lied, so alt wie die Welt,
Im Herzen des Meeres, es nie verstellt.

Die Noten der Unbekannten

Sie spielte auf, die Unbekannte,
Ihre Noten flossen durch die Nacht,
Sie sang ein Lied so zart, so stolz,
Das die Sterne vor Neid entfacht.

Ihre Melodie, so lieblich gesponnen,
Getragen auf der Mondlichtflut,
Weckte Tränen in den Augen,
Zündete in Herzen eine Glut.

Mit jedem Akkord, jedem Tonfall,
Erzählte sie ihre unausgesprochene Geschichte,
Ohne Worte, ohne Gesten,
Lag ihre Seele offen, ohne Rüstung, ohne Dichte.

So spielte sie, die Unbekannte,
Auf dem Klavier, versunken in der Nacht,
Und jeder, der ihr Lied vernahm,
Fühlte mit ihr, hat getrauert und gelacht.

Rhythmen der Nacht

Eine Nacht, teilschwarz und teilblau,
In Optimismus eingekauft wie Tau,
Mit Sternen bestickt und Mond aushängt,
Jedes Auge mit Süssigkeit beträngt.

Tanzend im Dunkel, Sternen konform,
Im eisigen Hauch, alles, nur nicht norm,
Spielende Schatten, Erde umrinkt,
Als ob unser Herzschlag mit der Dunkelheit verschwimmt.

Wie ein Tanz auf verborgenen Pfaden,
Geheimnisvoll beladene Silhouette ausladen,
Die gebogene Noten der Nacht komponieren,
Ruft uns auf, uns zu verlieren.

Die Nacht malt uns mit dunkler Tinte,
In ihren Rhythmen, halten wir uns dichte,
Sie singt das Lied der Stille, sanft doch vagen,
In ihren Melodien, möchte ich mich vertragen.

Flüstern der Rinnsale

Es flüstert das Rinnsal, rein und klar,
Führt seine Worte, fließend wunderbar.
Nährt das Leben in seinem Lauf,
Erzählt Geschichten, nimmt ihren Verlauf.

Sein Flüstern ist sanft, fast wie eine Liebkosung,
Durchbricht Stille, erfüllt die Umgebung,
Mit dieser Melodie, Wunder der Natur,
Bringt sie zur Ruhe, die reine Ausführ.

Wie geflüsterte Geheimnisse der Mächte groß,
Erzählt das Rinnsal, liebt es famos,
Tropfen prallen auf Stein, Schall entsteht,
Unsere Herzen hören, wie das Echo verweht.

Eine Sinfonie, verkündet sanft und leise,
Erzählt von Leben, in seiner eigenen Weise.
Im Flüstern der Rinnsale, ein Lied für immer,
In seinen Wellen, finde ich das Sommerzimmer.

Sie: Unendliche Weissagung

Die Morgenröte spiegelt sich in ihren Augen,
Ihre Stimme flüstert Geschichten, wir können nur staunen.
Sie, der Funke der Ewigkeit, hell und rein,
Trägt die Weissagung des unendlichen Sein.

In Ihrem Herz liegt eine Welt unbekannt,
Ein Wunder, so tief und elegant.
Durch Ihre Augen sehen wir das Morgen,
Gefüllt mit Hoffnung, entleert von Sorgen.

Ihr Flüstern mahnt, zieht uns hinein
In das Reich, wo Worte Sonnenstrahlen sein.
Ihre Weisheit summt wie Ballade der Bienen,
Seelenlied, vom Beginn der Zeiten erklingen.

Sie, die Unendliche Weissagung, ein ewiges Gedicht,
Wie die Sterne, ewig in ihrer Sicht,
Wie das Meer, tiefe Geheimnisse bündeln,
In ihrer Weisheit, wir uns vermengen und verwandeln.

Die Essenz der Küsse

Wie zarte Blätter, verwoben im Wind,
Ein Kuss, flüchtig und doch kein Kind.
Berührung, die spiegelt dich so ganz,
Poesie tanzt in diesem lieblichen Tanz.

Eine Instanz die Verständnis spricht,
Schließt die Augen, braucht kein Sicht.
Ein Kuss, der Tiefen und Höhen misst,
Erkennt die Seele, die Siebenten Himmel ist.

Die Süße eines Versprechens betörend,
Ein ewiges Band, kaum störend.
Die Wahrheit hinter geschlossenen Lippen verborgen,
Ein Kuss bietet Schutz, vertreiben die Sorgen.

Melodie zwischen zwei Seelen gewoben,
Die Essenz der Küsse, in Stille geloben.
Zärtlichkeit, in einer Momentaufnahme verweilt,
Ein Kuss, der Seelen zusammenheilt.

Die Erinnerung an Ihr

Ihre Augen glänzen wie das Meer,
Mit der Liebe leuchtenden Schein,
Ihre Stimme klingt, so weich und klar,
Wie der entfernteste Glockenschrei.

Leise verwehend im Windeshauch,
Ihre Worte zärtlich und rein,
Unsichtbare Saiten berühren den Bauch,
In der Erinnerung wird sie ewig sein.

Durchliebe getragen, durch Zeit gewebt,
So fließt die Sehnsucht wie ein Fluss.
Und in der Stille, wenn alles bebt,
Bleibt ihr Echo, sanft mit einem Kuss.

'Danke', sagt mein Herz, voller Rührung,
Für den Tanz, im Licht der Mondesnacht.
In der Erinnerung, in der Betrachtung,
Lächelt ihr Geist, so voller Macht.

Schatten der Schweigenden

Im Dunkeln liegen sie, die Schweigenden,
Ihre Schatten tanzen in der Nacht.
Stumm und unbewegt, die Wachenden,
In der Welt voller Sterne, voller Pracht.

Sie sprechen nicht, halten den Atem an,
Ihrer Stille Stimme flüstert im Wind.
Sie erzählen Geschichten von Anbeginn,
Von Liebe und Leid, und eines Kindes Sind.

Still und ruhig, inmitten der Nacht,
Ihre Geheimnisse schlafen tief und fest.
Ihr Schweigen, so mächtig, so voller Macht,
Und dennoch gehört zum Menschwerden der Rest.

Ewig in der Dunkelheit, die Schweigenden,
Ihre Schatten tanzen und fliegen davon.
Im Licht der Morgendämmerung, die Wachenden,
Erkennen die Wahrheit, wie das Morgenlicht schon.

Gesichter der Frauen

Die Gesichter der Frauen, so verschieden wie das Leben,
Jede trägt eine Geschichte, geschrieben in den Zügen.
Sie lachen, sie weinen, und sind doch daneben,
Stärke und Sanftheit, es gibt so viel zu fügen.

Ihre Augen, sie strahlen, mit Glanz und Freude,
Schönheit tiefer als die lauteste Quelle.
Oder tragen die Traurigkeit, in der stummen Leide,
Der Blick dringt ein, wie eine scharfe Helle.

Die Lippen, sie erzählen von Liebeslust,
Von Träumen, von Sehnsucht, vom ersten Kuss.
Oder schweigen in sich, und halten bewusst,
Die Weisheit, die in jedem Worte fließt, bewusst.

Die Gesichter der Frauen, sie strahlen hell,
Verborgen und doch klar, in jedem Licht.
Sie erzählen die Geschichten, so wie es ihnen gefällt,
Im Spiegel des Lebens, im Daseinsbericht.

Die Sage der Gesellinnen

Es erzählt die Sage von den Gesellinnen,
Die einst lebten, so wild und frei.
Lachten laut, sangen in den Innen,
Der Geist, die Seele, die Frauen, sie waren dabei.

Sie webten Träume aus dem Mondenschein,
Tanzten nackt im Regen, so unbezwungen.
Lebten das Leben, ganz ohne Pein,
Ausgelassen, fröhlich, so junggesungen.

Die Gesellinnen, sie lebten die Sage,
Mit dem Atem der Zeit, im Windesflug.
Erinnern uns an die alte Tage,
An die Freiheit, die Liebe, den Lebenszug.

So lebt die Geschichte, in jedem Wort,
In jedem Lied, in jedem Lachen.
Die Sage der Gesellinnen, sie trägt fort,
Die Erinnerung, das Sein, das Wachen.

Stirnrunzeln der Violinistin

In ihren Augen liegen verlorene Lieder,
Ihr Stirnrunzeln zeugt von verschwiegenen Sagen,
Ihre Hände tanzen, auf Saiten sie nieder,
Jeder Bogenstrich, eine Antwort auf Fragen.

Rot wie Rubin fließen Töne im Raum,
In odden Verlockung und stummem Flehen,
Sie sind der Künstler, ihre Violine der Schaum,
In ihren Noten, können wir Windspiele sehen.

Mit geschlossenen Augen, spielt sie die Melodie,
Ein Lied so alt, von einem Herz geboren,
Sie reist durch die Zeit, in einer Elegie,
Ohne zu sprechen, hat sie uns auserkoren.

Jeder Ton ist eine Geschichte zu erzählen,
Von Liebe und Leid, von Freude und Schmerz,
Unter ihrem Stift schweigen alle Rebellen,
Ihre Violine singt und berührt unser Herz.

Enthüllungen der Verlorenen

In den grauen Schatten der verlorenen Stadt,
Wo Träume und Wünsche ihr Zuhause hatten,
Stehen nun Ruinen, Herzen matt,
Vergessene Seelen, die keiner mehr kann retten.

Die Geschichten, die in ihren Mauern schlafen,
Verborgen in Stille, von der Nacht geklungen,
Sie können uns lehren, können Kraft uns schaffen,
Von vergangenen Zeiten, sie uns erzungen.

Bleiche Gesichter, von der Zeit entweiht,
Stumme Zeugen eines vergessenen Bandes,
Hinter ihren Augen liegt die Wahrheit bereit,
Von den Schicksalen, die sie verstanden.

Ihre Worte sind Winde, die das Dunkel durchbrechen,
Erwachen und schweben, enthüllen das Verlorene,
In ihren Geschichten können wir das Leben ausstrecken,
Weise und mächtig sind die Enthüllungen der Verlorenen.

Sie, Straßenlaternen im Dunkel

Die Straßenlaternen werfen Schatten im Dunkeln,
Sie tanzen und flüstern, wecken die Illusion,
Wie Sterne verloren in städtischen Winkeln,
Sie, unsere Führer in nächtlicher Devotion.

Sie sprechen auf Konkrete, Kiesel und Stein,
Sie zeichnen die Wege, führen uns durch die Nacht,
Mit warmem Lichtschein, halb kräftig, halb fein,
Sie sind unsere Hüter, halten still ihre Wacht.

In der Dunkelheit, wenn alles verschwindet,
Sie leuchten sanft, ein Leuchtturm der Hoffnung,
Während die Welt um uns herum erblindet,
Sie strahlen mit mutigem, stetem Pochen.

Sie, Straßenlaternen im Dunkel der Nacht,
Stehend wie Wächter, in kalter Pracht,
Mit ihrem Licht, das so sanft erwacht,
Sind sie unsere Gefährten, in schweigender Macht.

Gesang der Tränen

Tränen singen leise, im mondlosen Lied,
Ein Fluß aus Wahrheit, der vom Herzen fließt,
Sie wässern die Felder, wo Hoffnung blüht,
Und tragen den Schmerz, den niemand sieht.

Sie sind die Stimme, des ungesprochenen Schmerzes,
Sie flüstern Geschichten, die Liebe trug,
In ihrem Gesang sind Weisheit und Herzensfürze,
In süßem Leid und in sanfter Trug.

Sie sind der Morgentau unserer Seele,
Fallen leise wie Perlentropfen herab,
Sie reinigen uns, machen unser Herz hohle,
Und tragen das Echo von dem, was das Herz einmal gab.

Ja, sie sind das Echo, das wahrste Lied,
Ein Chor der Gefühle, tief und rein,
In ihrem Fall ist süßer Salamut gemied,
Im Gesang der Tränen finden wir uns ein.

Die Zeugin der Zeiten

Zeit fleht in stillen Räumen,
Verlorene Geheimnisse in ihrem Kleid,
Sie ist die Zeugin aller Träumen,
Erinnerungen in Ewigkeit.

Flüstert Geschichten von alten Tagen,
Verloren in den Winden der Zeit,
Sie hat gesehen, Leid und Klagen,
Die Zeugin der Äonen, in Vergänglichkeit.

Trägt die Narben vergangener Schlachten,
Eine stille Zeugin, tief und weit,
In den Herzen aller, die wachten,
Sie ist die Zeugin, der Tod und der Leid.

Sie ist alt und doch ewig jung,
Zeugin der Zeiten, in ihrer Pracht,
Ihre Geschichten unerzählt, ungesungen,
Wartet auf den Tag, bringt die Nacht.

Die Frau hinter den Worten

Sie webt eine Geschichte aus Stille und Klang,
Die Frau hinter den Worten, mit leisem Gesang,
Ihr Blick, tief und sinnend, fängt Geschichten ein,
Verborgen zwischen Zeilen, kann sie Wahrheit sein.

Obwohl nicht gesehen, ist sie doch bekannt,
In jedem Geschriebenen, ist ihr Geist verbrannt,
Sie sprechen von Liebe, von Wut und von Schmerz
Die Frau hinter den Worten, offen ist ihr Herz.

Das Echo ihrer Stimme, in Büchern verhüllt,
Die Sehnsucht und Träume, die sie erfüllt,
Die Emotionen, wie Farben, so bunt und so hell,
Die Frau hinter den Worten, sie kennt sie zu gut, zu schnell.

In den Tiefen des Papiers, wo Worte entstehen
Wo Träume und Realitäten aufeinander sehen
Dort ist sie zu Hause, in der Stille allein
Die Frau hinter den Worten, sie lässt uns herein.

Die Stimme der Sehnsucht

Hörst du die Stimme, die in der Ferne klingt,
Wie ein Echo, das durch die Stille singt?
Es ist die Stimme der Sehnsucht, leise und sacht,
Ein heimliches Flüstern in der dunklen Nacht.

Sie spricht von Liebe, die unerreichbar scheint,
Von Freundschaft, die durch die Finger gleitet, verweint,
Die Stimme der Sehnsucht, gefangen im Wind,
Sucht ihren Weg zu dir, einem verlorenen Kind.

Die Stimme der Sehnsucht, wund und nackt,
Trägt die Gebete, die das Herz erbracht,
Ein Ruf in die Stille, ein Seufzen im Licht,
Die Stimme der Sehnsucht, bricht das Schweigen und bricht.

Worte der Liebe, ungesagt, ungesungen,
Die Stimme der Sehnsucht in deinem Herzen, unverjüngt,
Ein ewiger Ruf, stark und doch so weich,
Die Stimme der Sehnsucht hält dich reich.

Kinder der Mutter Erde

Kinder der Mutter Erde, in Lächeln geboren,
Begeistert von den Wundern, die uns gehören,
Wir streben nach Wissen, laufen unter den Sternen,
Kinder der Mutter Erde, wir haben viel zu lernen.

Hände reichen zum Himmel, Füße berühren den Grund,
Wir sind die Erdenkinder, freudig und gesund,
Wir lauschen den Geschichten, die der Wind uns singt,
Als Kinder der Mutter Erde, haben wir das Glück erzwingt.

Wir sind der Regenbogen nach dem Regen,
Erben der Sterne, auf jedem Weg und Steg,
Kinder der Mutter Erde, unsere Lieder ungesungen,
In unseren Herzen, die Melodie der Erde, unvergungen.

Kinder der Mutter Erde, wild und frei,
Angetrieben von Neugier, wie die Vögel im Mai,
Wir sind Träumer, Sucher, in jung und alt,
Die Kinder der Mutter Erde, unsere Geschichten unerzählt, unverhalt.

www.ingramcontent.com/pod-product-compliance
Lightning Source LLC
LaVergne TN
LVHW020421070526
838199LV00003B/230